JN440296

나의 타클라마칸

신선 시집

문학의전당 시인선
0274

나의 타클라마칸

신선 시집

문학의전당

시인의 말

이제부터 시작이다!

늘 배면에서 지켜주시는 뜨거운 손길에 대하여
깊이 감사드린다.

2017년 11월
해운대 우거에서 신선

차례

제2부

제3부

제4부

제1부

우선멈춤

길을 몰고 달리는 배반의 추억이 **우선멈춤** 끝없는 길을 다시 꿈속에서 끌어낸다. 여정에서 조우하는 다정한 풍경이 **우선멈춤** 한밤의 환상을 재현한다. 새까맣게 쏟아지는 빗줄기 **우선멈춤** 와이퍼의 목젖이 부어오른다. 콘크리트 벽과 콘크리트 벽 사이 **우선멈춤** 눈먼 하루살이 떼의 소멸을 본다. 하릴없이 내려앉는 하늘도 **우선멈춤** 하류로 떠내려가는 강물의 아우성도 **우선멈춤** 속도를 탐닉하는 빗방울의 질주를 따라잡기 위하여 호흡을 가다듬고 **우선멈춤** 환상을 켜고 **우선멈춤**

그림자

너는 항시 나의 실체를 뒤쫓으면서
내 안 깊숙이 성벽을 쌓고 있다

내 허기진 뜨락이 부풀어 오르면
너는 잔인한 눈빛으로
나의 빛바랜 이마를 올려다본다
불타는 폭염 속에서 너의 헝클어진 머리카락이
어지럽게 시선을 덮을 때,
잠적치 못하는 어둠을 천천히 점검한다

수수방관하는 생의 뒷골목,
네 투명한 웃음 속에는 날선 비수가 감추어져 있다
내 불가항력의 허기를 네 심장에 가두고
너는 음험한 걸음걸이로
내 침상의 가두리를 탈출한다

세상은 비상등이 켜진 경적으로 가득 차오르고
붕괴된 슬픔에 네 희미한 등줄기가 조여온다

내 가슴을 짓밟고 간 살기,
저무는 하루의 뒤안길은 쾌청이다

집

전봇대에 가옥 매물 전단들이 붙어 있다
매매와 전셋집이 서로 밀고 당기며 어깨를 겨룬다
서까래 없는 집들이 중심을 잡지 못하고
허공에서 저글링을 한다
하늘 끝까지 치솟아 오르는 아파트 창문들이
하얀 손을 내밀어 악수를 건넨다
지나가는 사람은 걸음을 멈추고
분양되지 않은 집들을 둘러본다
새초롬한 모델 하우스가
속살을 감추며 얼굴을 붉힌다
현관을 들어서자 네 개의 방들이 둥둥 떠다니고
달궈진 냄비가 주방 위에서 레이저를 쏘아댄다
상승한 냄비의 몸이 15도로 기울자
졸여진 생선찌개가 와르르 쏟아진다
엘리스의 면사포를 둘러쓴 숭어 새끼가
바닥에 나뒹굴며 검은 울음을 토한다
비릿한 냄새가 집 밖으로 새어나가고
우유를 마시다 놀란

불빛의 눈알이 카펫에 굴러다닌다
가파른 언덕에서 막연한 거래가 계약서를 들이밀고
나는 노랗게 덧칠한 몽상의 계단을 내려선다

종이컵

우리 사랑은
단 한 번의 입맞춤으로 결별을 고한다
가볍게 만나 짧은 시간에 헤어진다
허공에서 흩어지는 것들
뜨거운 커피 한 잔으로 채울 수 없는 갈증
타는 목마름은 매운 연기를 피워 올린다
순식간에 스쳐간 우리의 조우는
쉽게 구겨져 버려지는 일회용 슬픔이다
뜨거운 여름 한나절
분리수거할 수 없는 적막이
허망하게 피어오른다
식지 않은 허공 한 자락에
빨갛게 물든 깃발이 펄럭인다
오후 여섯 시가 떠난 자리,
햇살의 온기가 마룻바닥을 적신다
유쾌한 요한 슈트라우스의 왈츠는 꿈처럼 스쳐가고
어둠이 젖은 눈꺼풀을 깜빡인다
그림자가 빠져나간 골목의 그늘을 헤집고

마을버스가 먼지를 날리며 지나간다
고양이 울음소리가 비바체 피아노로 흐르면
검은 복면을 쓴 저녁이 시장기를 떠올린다
허기처럼 부어오른 노을은
가판대 앞에서 단 한 번 타오르다 쓰러진다

가지치기

아파트 창문을 막아선 오갈피나무
무성한 가지를 친다
웃자란 잎새들의
무절제한 생각들을 잘라내면
허공을 빨아들이는 뜨락이 열리고
익명의 도시가 환하게 눈을 뜬다
은폐된 거실의 하얀 벽들은
잠적한 속살을 나부끼고
부다페스트 소녀를 만나러 간
구슬픈 발자국들이 돌아온다
저마다 떨어져 나간 담론들이
시린 상처를 벗어던지고
아우성치는 여름을
다시 싱그러운 꿈으로 다독인다
푸른 액셀러레이터를 밟는 녹음이
베란다에 넘쳐흐르는 사이
뻐꾸기시계는 신명나게
풍성한 빗줄기를 몰아온다

편서풍이 겉옷을 벗고 지나간 뒤
가지 끝에서 확보하지 못한 사유(思惟)가
부산하게 추억으로 떨어져 내린다
개인 하늘에서
눈부신 에메랄드 커튼이 하늘거린다

어떤 개인 날 3

브라질산 원두커피 향기에
한나절은 오로라처럼 피어오른다
호랑이발톱가시나무에 걸리는
하루살이들의 시위가
낭카 태풍의 팔매질에 숨죽이고
산뜻한 초복의 계절풍이 내려앉는다
풀밭을 가로질러
해맑은 정오가 걸어오는 동안
젖은 땅이 마른 어둠을
한껏 걷어내고 있다
밭은기침을 다독이는
키 큰 사내는 잠시 서성거린다
옥잠화 검붉은 입술이
느린 풀벌레 울음에 깍듯이 흔들린다
긴 머리칼 잘 벗어 넘긴
미루나무 그림자가 꿈틀대고
넥타이를 조여 매는 개옻나무 한 그루
섬돌을 내려서며

아득히 사라져가는

폭격기 편대를 올려다본다

어떤 개인 날 4

이팝 한 상 잘 차린 햇살이
순진한 열기를 불러오면
현관문에 매달린 조간신문은
휘발되지 않는 뉴스를 길어올린다
눈알 까만 오디는
휘어진 가지에 기대어
천상의 강물을 꿈꾼다
몇천 리인지 기약할 수 없는
강둑에 늘어서서
오가는 바람의 턱을 친다
층계 아래 여장을 푸는
개미들의 행진
삽을 둘러맨
머리통 큰 것들이 앞장을 서서
뜨락을 돌아나간다
어린 팬지가
어린 팬지에게 눈웃음을 친다
중동호흡증후군이 드디어

도시에서 철수하는 아침
마스크를 장착한 구름 떼가
녹슨 철장을 닦아내고 있다

재래시장에서

카드 결제가 잊힌 골목길
묵은 어둠이 치장을 한다
과일들이 나뒹구는 모퉁이 길에
모자를 눌러쓴 먼지가 흩날리고
눈알 흐린 외국산 포도송이들
서투른 알파벳을 뱉아낸다
행인의 옷자락을 끌어당기며
야자수 그늘 스치던 구름 한 점이
철늦은 향수를 불러 모으고
후미진 길을 빠져나가는 리어카가
기우뚱한 전봇대 뒤로 사라진다
유통기한이 숨 가쁜 경계를 넘나들고
바랜 지폐 몇 장이
매운 연기로 거래된다
꺾인 골목길의 커브를 돌아
낡은 신문지가 굴러다니고
막장의 남은 햇살 부스러기가
가판대의 느슨한 옷매무새를 다듬는다

낡은 담장 너머 내다보는 수국들의
수런대는 표정이
끝없이 휘어진 길을 따라간다

빗방울 연주

발바닥 시린 빗방울이
맨발로 뜨락을 뛰어다닌다
땀방울 맺히는 머리칼이
여린 바람에도 하늘거린다
기다란 손가락으로
마른 가지를 터치할 때마다
푸른 가지가 훌라춤을 춘다
경쾌하게 아차산 오르는
온갖 채색의 우산들의 행렬 언저리로
투명한 생각들이
길섶에 굴러떨어지고
발자국이 지나간 자리마다
뭉개진 길이 은총처럼 반짝인다
물기 밴 패랭이의 목덜미에서
아스라한 불꽃이 피어오르고
잿빛 허공이 꽃잎마다 스며든다
빨랫줄에 물구나무선 바짓가랑이 사이
마른 세상을 적시는 빗줄기

버짐이 번져가는 부위마다
하트만 수액을 투여한다

아버지의 그늘

질척한 길이 끊임없이 풀리면
나의 새로 산 신발에서는
은은한 종소리가 울려 나왔다
맘 졸인 아버지의 눈빛,
내 걸음의 발치를 비추면
질긴 끈이 된
또 다른 젖은 길 하나가
아버지의 눈망울을 앞세웠다
출렁이는 삶 속에서
푸른 강물이 흘러나오고
글라디올러스 무더기로 핀 둑길로
거침없이 뻗어나갔다
나의 새하얀 이마의 아버지
두려운 울음이 하늘을 적셨다
내 심장 깊숙이
금빛 귀가 흔들리고
첫돌맞이 젖니가 솟아올랐다
휘어지는 다리의 한 켠에선

슬픈 핏줄이 돋고
피의 그늘에서 나는
천천히 심호흡을 하며
하늘을 올려다보았다

애드벌룬을 띄우며

달거리를 끝낸 항아리들이
선반 위에 지긋이 엎드려 있다
한 숡음의 그늘이 지나가고
비 내리는 산등성이가
풀섶에서 깊은 생각에 잠겨 있다
잠시 머물다 가는 소나기와
앳된 구름 한 점 떠오르는 한낮
토로하지 못한 참회가
홍건한 눈물을 쏟아낸다
거품으로 위장한
생의 얼룩이 한창 진행되고
여름이 몰고 온 적막이 눈을 뜬다
하수구를 지나
지하 수천 길로 달아나는 검은 물살
흘러가는 것들은 다시 돌아오지 않는다
더 헹구어낼 수 없는 탐욕이
강기슭을 타고
푸른 바다에 닿는 동안

뭉게구름이 흐린 비에 젖는다
돌아오지 못하는 것들은
저들끼리 허공으로 날아오른다
입술을 봉인한 하늘 한 자락
애드벌룬 위에 떠서 별을 단다

베데스다 며칠 1

너는 누워서 자라는
한 그루 뇌병변 자작나무
휘어진 나이테 사이로
환하게 허리를 꿈틀거리면
아랫도리에서 푸른 날개가 돋아난다
네 커다란 눈 속에는
아득한 하늘이 살아 스멀거리고
검은 동공을 깜빡일 때마다
끝없는 강물이 출렁거린다
네 망막을 따라
뭉게구름이 아린 꿈을 피워 올리면
너의 세상은 훈훈한 습기에 젖는다
별이 내려오지 못하는 호수에서
너는 다만 카시오페이아 별자리의 꿈을 꾼다
결국 탈출할 수 없는
너의 고답적인 지상
햇살은 눈부신 별을 벗겨내고
부질없이 찾아드는

한밤의 달빛 속에서도 처연하게
네 펴지지 않는 허리를
서러운 몸짓으로 산산이 헐어낸다

베데스다 며칠 2

살 깊은 정오의 햇볕이 사위어가면
너는 그늘 한 점 밝혀진
허공 한가운데서
홀로 외로운 발등을 태운다
경청하지 못하는 너의 은어
굽은 팔을 휘두르며
잎이 무성한 무화과 가지를
무료하게 흔들어댄다
햇무리가 긴 꼬리를 세우며
마루를 누비고 나가면
너는 떨리는 어깨를 베고 잠든다
비로소 헤매는 깊은 너의 꿈길
걸음을 상실한 너는
다만 모로 누워 다리를 뻗는다
서툰 옹알이로 얼어붙은 심장이
저녁을 풀어내는 그림자를 지으면
드디어 낯선 송신을 시작할 때
너는 묵은 상처와 은유로 시작하는 시간 앞에서

모조리 천상의 기억으로 길러낸다
너의 날갯짓이 펴내는 풍문은
눈부신 애드벌룬에 실려 날아오른다

봉숭아 물들이기

빨갛게 물드는 손톱에
함초롬한 유년이 태어난다
참새 같은 우주가 깨어나서
눈부신 별빛들을 쏟아낸다
지나간 생의 다난한 길목에서
사랑한 날들이 되돌아오고
강물 흘러가는 하류에서
애틋한 그리움 하나 눈뜬다
눈썹달 지천으로 꼬리를 감추면
상현달 환하게 트여온다
가냘픈 꽃잎 몸을 짓이겨
물든 세상 황홀하게 자리 펼 때
둥글게 말아 올리는 잎새들
다정한 손톱 끝에서 피어난다
어릴 적 아이들이 돌아오는
초가집 댓돌 아래
무심히 올려다보는 봉숭아꽃
비 맞고 자란 여름 아침에

어깨춤 추며 오솔길 걷는다
울타리에 나지막이 피는 꽃분홍 얼굴
손톱 가득 싸매어 서러워한다

꽃의 디아스포라

마른 덤불 위 꽃잎 날리고
너를 보내고 돌아서는 길목에서
때늦은 봄비가 내렸다
빗줄기는 휘몰아치면서
마을마다 커다란 꽃동네를 차리고
굽이 돌아가는 산모롱이에서
나는 젖어서 오히려 눈부신 하늘을
몰래 훔쳐보았다
꽃잎과 봄비 사이
봄비와 너의 뒷모습 사이
꽃의 디아스포라
황톳길 가득 서려 있었다
수심 한 자락 걸어 올리는 꽃들이
처절하게 너울거렸다

제2부

여름의 끝

폭염이 지나자 솔가지를 꺾어 든 가을이 걸어오고 있다. 사람들은 해변을 빠져나가고 노곤한 바다의 왼쪽 어깨에 그믐달이 걸려 있다. 가벼운 말들은 허공에서 비행을 하고 설익은 추억이 시계탑을 비집고 들어간다. 헬멧을 쓴 시간이 아스팔트를 달리는 동안 지층의 더께에 관념이 쌓인다. 송정 바다에서 바람이 불어오면 찌그러진 페트병 하나 나뒹군다. 햇살은 바닷물 위에서 세일링 요트를 타고 포구에 떠밀린 비둘기들이 떼를 지어 다닌다. 적막이 허공에 화살을 쏘아 올리면 불빛들이 판토마임을 벌인다. 더위가 왁자지껄한 길 위에서 소나기 한바탕 지나간 자리, 소리들이 난타를 켜고 뜨거운 발자국들을 태운다.

악보

내 안에서 음표들이 맨발로 뛰어다닌다
가파른 음계를 오르내리며 훙얼거리는 팔분음표,
젖은 가랑이를 벌릴 때마다
둥글게 말아 올린 멜로디에서 각질이 떨어진다
소슬바람이 하프를 켜면
발바닥의 뜨거운 음표들이 우르르 몰려갔다 휩쓸려
떠밀려 내려온다
거센 가락에 서로 부딪혀 넘어지고 쓰러진다
내 안에서 꿈꾸어온 음정들,
성장이 멈춘 곡조들이
바흐의 브란덴부르크 협주곡을 떠올린다
푸른 언덕 너머로 셋잇단음표가 팔을 흔들자
오로라가 소리 없이 잇달아 피어오른다
너는 나의 가슴팍에 드러누워
먼 도나우 하늘을 우러르고
하얀 구름이 양떼를 몰고 가는 세 번째 계단에서
미끄러진 하모니들이 고성을 지른다
허공의 가장자리가 뚫리는 오후 한 나절

블랙 층계에 걸터앉은 온음표가

안단테 피아노시모로 눈을 깜빡인다

티슈 1

육중한 몸집이 줄어드는 자리,
여섯 개의 모나리자 티슈가 날개를 펼친다
은폐된 밀실 속에서
계절을 탕진한 꽃들이 무수히 피어나고
정체불명의 향기가 탑을 쌓는다
살점 두터운 알파벳이 물구나무서서 내려다본다
눈알이 붉은 기포가 수레를 끌며 어지럼증을 쏟아내고
수레바퀴에 걸린 그림자가 비명을 지른다
불빛에 감염된 야윈 시간들이
푸른 창 사이로 하얀 손을 흔든다
폭염을 시위하던 열정이 물러서자
어린 가을이 플랜카드를 내건다
두레박에 담긴 푸른 언어가
두 귀의 안테나에 끼운 삐라를 뿌리자
뜨거운 추억이 스쳐간 행로마다
눈부신 하늘이 촘촘히 박힌다
게일라르디아가 폭죽을 터뜨리면,
젖은 기억 속의 얼굴 하나 되살아 오르고

해저터널을 빠져나온 녹슨 그물이
철 지난 줄장미를 끌어 올린다

티슈 2

너의 빈 가슴은 언제나 열려 있다
두 입술을 포개고 침묵하며
너는 단 한 번의 사랑으로 싸늘하게 버려진다
하늘과 땅 사이에서
철저히 폐기되는 너는
내장을 게워내고 낯선 길을 끌고 간다
허공에 걸린 낮달이 달거리를 하면
벌레들은 터널을 지나 생의 경계를 뛰어넘는다
분리수거 속에서 은신하는 너는
거듭난 육신을 홀로 담금질한다
허물지 않은 강을 목에 걸고
한없이 부풀어 오른다
비울수록 채워지는 너는
소외의 장벽을 뚫고 비상의 날개로
젖은 길을 말아 올린다
언제나 길은 무너져 내리고
너는 여린 바람에도 하염없이 날아오른다

프로메테우스의 눈

뜨거운 열기가 선글라스를 쓰고 액셀러레이터를 밟는다. 가속을 낸 사차선도로 위에서 검은 옷을 걸친 여자들이 포켓 속에 낮 12시를 접어 넣는다. 굽은 호주머니가 부풀어 오른다. 주유를 끝낸 정오의 복부가 탱탱하다. 어깨가 늘어진 플라타너스가 허기를 달래고 길이 누웠던 자리에 하얀 구름 한 조각 굴러간다. 목마른 행글라이더를 들이키는 허공, 태양의 입에서 화엄경이 쏟아진다. 프로메테우스가 눈을 깜빡이자 달아오른 올림포스 산이 비명을 지른다. 오대양 육대주는 비지땀을 훔친다. 낙타의 발바닥에서 매운 연기가 피어오르면 이글대는 용광로가 세차게 팔을 펄럭인다. 잿더미 속에서 하얀 길이 비로소 오랜 잠을 깬다.

시루 속의 생

콩나물시루에서 음표들이 자란다
방금 열병식을 끝낸 멜로디가
틈새를 파고들어 우쭐댄다
젖은 것들이 생의 한가운데서
목소리가 다른 불협화음을
서로 어깨를 겨루며 숙성을 기다린다
새벽부터 부화를 꿈꾸고
낯선 거리를 헤매는 팔분음표
미궁에 빠진 경적음을 검색한다
미로 속을 탈출한 격한 리듬이
막힌 통로의 뚜껑을 열고
몽환의 바다에서 둥둥 떠다닌다
보이지 않는 모세혈관 안으로
성장샘의 날개가 돋는다
성급하게 터진 양수 속에서
뜨거운 악보가 흘러나오고
검은 복면을 쓴 적막이
욕망의 닻을 올린다

날은 점점 어두워가고
푸른 언덕이 우뚝 서 있다
알 수 없는 소리들이 탄성을 지른다
고요 속을 침범한 낯선 은유들이
살갗을 뚫고 태어난다
음계를 뛰어오르는 음표들 발톱에서
푸른 각질이 떨어진다

빈센트 반 고흐의 구두 1

흐린 날의 이른 아침
낡은 구두를 꺼내어 닦는다
어둠 속의 희미한 시간은
좀체 지워지지 않고
환한 길은 스스로 일어서서
너울거리는 허공 속에 뻗어 있다
어설픈 가로수들은
저마다 눈부신 빛 몇 개씩 뿌리며
끝이 보이지 않는 여정을 밝혀준다
차가운 신발을 끌어당기는
남루한 끄나풀은
도시 밖에서 더욱 신명나게 펄럭이고
기웃거리는 봄의 언저리에서
투명한 애드벌룬 피어오른다
마침내 하늘이 깨어나고
해명할 수 없는 푸른 먼지가
부산한 횡단보도의 모퉁이로 밀려나고
보무당당한 일단의 발걸음이

이마 하얀 고속도로의
갓길을 따라 흐르고 있다
어둠을 걷어내는 신발의 보폭이
도로의 오랜 잠을 깨운다

빈센트 반 고흐의 구두 2

안개 자욱한 늦저녁에
목조계단을 오르는 발자국 소리
꿈결처럼 귓가를 스쳐간다
강물 출렁대는 경쾌한 리듬을 각인하면서
끓어오르는 욕망의 닻을
잔잔히 철제 현관에다 내린다
향기로운 바흐의 무반주 선율이
잠시 오르내리고
암흑 속에서 빤짝이는 하늘 한 자락
서쪽 산등성이로 등을 돌린다
소모되지 않는 사랑이
유리창 그늘 따라
모발 일렁이며 빠져나가고
댓돌에 올라선 신발은
드디어 그윽한 황색 깃발을
다소곳이 펼쳐든다
지친 날개를 접는 서늘한 밤
영그는 방마다 휘황한 등을 걸고

축복인 듯 홍건한 평화를 내린다
밤마다 아린 껍질을 맺는
낡은 구두 곁에서
화가는 저만의 긴 몽상에 잠긴다

비망록 1

새까만 숫자들이
어두운 동굴 속에 숨어 있다
빼곡히 들어찬 자리마다
제 얼굴을 은신하는 문자들이
경계를 넘어 은밀한 탈출을 꿈꾼다
분리된 문의 벽에 기대어
창은 아득히 열려 있고
연중행사들이 분주하게
서로를 끌어당기며 시위를 벌인다
내일의 어깨에 빨간 라벨을 달고
벽 속에 웅크린 목숨들이
발효되지 않는 케이크를 자른다
지켜지지 못할 약속끼리
하얗게 도열하여 눈짓을 하면
그믐과 초하루가 바통 터치를 하며 달려간다
능선을 넘어서는 그림자가 보이고
한 해의 끝자락이 쓰러지는 동안
낡은 망토자락이 저 혼자 펄럭인다

비망록 2

검은 바바리를 걸친 사내들은
항시 넓은 동굴 입구에서
출입되는 메모들을 점검한다
짙은 그늘이 걷히면
성장을 멈춘 골목이 우두커니 서 있다
치자꽃 얼룩진 길이 사라지자
어머니와 헤어진 날짜가 걸어오고
물푸레나무는 강물에 머리칼 드리운다
젖은 추억을 건져 올리는 헝클어진 문장들
빈 갈피마다 신명나게 머리를 쳐든다
이따금 낯선 풍문들이 부풀어 오르면
먼 바다를 항해하는 파도가
흰 돛을 달고 질주한다
흐린 불빛을 뿌리는
아버지의 얼굴이 흔들린다
통영 동호동 바닷가
해일이 일어서는 수채화 한 폭
늦은 노을이 눈을 붉힌다

비망록 3

수첩 속에 유년의 그림자가 들어 있다
한때의 혼탁한 썰물이 기울고
점점 몸집이 불어나는 파도가
날마다 새로운 창문을 열고 사라진다
새로 만든 통장이 호명하는 계좌번호
납부할 공과금을 입력하고
좁은 어깨를 키재기한다
식탁의 풍경이 펼쳐질 때마다
빨간 드레스가 체크되고
지폐와 동전이 공존하는 언덕 위에서
어린 벌판의 날개가 자꾸 돋아난다
궤도를 이탈한 우주가
하얀 새벽을 끌고 와서 물구나무를 서고
티브이는 흑인영가를 방영한다
소외된 인간들의 연회에서
바다는 철없는 변주곡을 출렁인다
내 메모지에는 온통
외출한 물보라의 거품으로 가득 차 있다

콘포지션

뽀얀 먼지를 둘러쓴 이차선 도로에는
말발굽 소리들이 무더기로 피어나고
여섯 손가락 사이로 지구가 한바탕 펼쳐진다
세간의 입에서 무너진 집들이 쏟아진다
부엌이 둥둥 떠오르고 서까래가 춤을 춘다
잔등에 업힌 길이 지퍼를 열자
설익은 속도가 와르르 쏟아진다

다시 집들은 물 위로 부상하고
새들이 떠나간 바다를 그리워한다
돌아오지 못하는 새들이
목 놓아 울 때
물 위를 떠서 흐르는
잎 하나에 사랑을 보내며
나는 거침없는 기도로 어둠을 벗겨낸다
어둠이 사라진 자리
도도한 강물이 새로운 집들을 밀고 간다

장어를 구우며

벌겋게 달아오른 불꽃 위에서
토막 난 생이 익는다
가벼운 것들은 허공으로 날아오르고
뜨거운 석쇠 끝에서
비릿한 꿈들이 춤을 춘다
달구어진 철판에 치부를 감추는
부끄러운 지느러미의 몸부림,
살점이 노릇하게 익어갈 즈음
심해는 소금기 절인 기억을 접는다
허공 한가운데서 태양은 빛나고
비단을 걸쳐 향유하던 너의 몸짓
유쾌한 발효를 위하여 유영을 버린다
살아남는 자의 마지막
상기된 눈동자
소주 한 잔을 들이키며
너의 질긴 삶을 삼킨다
매운 연기가 피어오르자
먼 파도의 거친 옷이 펄럭인다

출렁거리는 파도를 헤쳐 나온 걸음으로
가파른 등판 위에 탱탱한 빗금을 긋는다
녹슨 철판이 푸른 레이저를 쏘아올리고
소금기 절인 물소리들이 모여 음모를 꾸민다
어둠은 잘게 부서져
한 점 부드러운 속살을 발라내며
바다 한 접시가 식욕을 돋군다

냉장고

유통기한 지난 슬픔들이
내 안에 깡통처럼 차 있다
위험수위를 넘긴 시린 온도는
점차 북극 한랭전선으로 부풀어 오르고
아직 폐기되지 못한 추억들이
나의 심장을 죄며 다가선다
비우면 또 차오르는
수습할 수 없는 욕망이
내 안에 들앉아 치솟는다
버려질까 두려운 눈빛들,
초월한 체중을 버티고
함량이 넘치는 숨결로 바둥거린다
로마제국의 총기처럼 자리 잡아
칸칸이 악취를 뱉어내며
그릇된 습성을 타기하지 않는다
오래 숨겨온 발효의 아집들이
부패한 천성을 안으로 삭히며
스스로 일으키는 동맥경화 증세

재량하지 못하는 속내로 지쳐 있다
뜨거운 것들이
허리를 나부끼며 졸고 있을 때
돌아오는 아침이 눈을 비빈다

군화를 신은 밤이 오고 있다

저녁 어스름,
야윈 햇살이 포장을 걷고 있다
흑의의 개미들이
빠른 걸음으로 봇짐을 나르고
어깨가 벗겨진 세간
땅거미가 핥고 있다
계단에서 졸던 그늘은
햇살의 부스러기를 골라낸다
붉은 목덜미를 드러낸 샐비어가
포플러 그늘 속으로 사유를 묻는다
커브 길을 거닐던
허공의 눈시울이 젖어 있고
키 낮은 그림자의 눈자위가 촉촉이 젖어 있다
어둠이 하얀 이마를 드러내자
어린 별이 빗질을 하고 있다
담장 너머 군화를 신은 밤이 오고 있다

제3부

당신의 혜성 같은

은행나무의 노란 잎에 휘감긴 구름이 울창한 숲을 끌고 간다. 적막한 줄기 쏟아져 내리고 푸른 하늘은 맑은 눈시울을 매만진다. 녹음에 감전된 산들이 침묵하고 충혈된 허공은 핏빛이다. 환하게 남쪽에서 트여오는 하늘이 투명한 허리를 뒤척인다. 함초롬히 걸려 있는 아득한 낮달이 서쪽으로 노를 저어가고 끊임없이 흐르는 것들이 긴 새들의 행렬을 짓고 있다. 어깨 넓은 산들이 풍만한 엉덩이를 펼쳐놓은 등성이, 바람도 불지 않는 세상 하나 숫된 햇살을 자아올린다. 쓸쓸한 벌판은 돌아오지 않고 아름드리 젖은 강물이 굽이친다. 당신의 혜성 같은 눈동자로 빛나며 아직 못다 한 해맑은 이야기 스멀거린다.

알약

너는 날마다 내 안으로 들어온다
출구 없는 문을 열고 들어온 너는
내 안의 붉은 생각을 지우며
뿌리 없는 모세혈관에 허공을 끼워 넣는다

내 안에서 피나무들이 자라고
어린잎들이 옹알이를 한다
새로 돋은 날개가 불안을 파닥일 때면
어둠에서 벗어난 관절들이 수인사를 한다
백혈구의 투명한 눈빛들이 안경을 벗으며
피곤한 풍경을 지운다
심호흡은 거센 물결이 되어
보랏빛 어깨의 촉수를 높인다

콜레스테롤 수치가 가파른 언덕을 내려간다
햇살은 담벼락의 그늘을 삼키며
푸른 트리트먼트를 올려놓는다
내 안에 투사한 너는 다이빙을 하며

장미 꽃내음에 절인 심전도를 건네준다

횡경막을 들락거리는 불안의 무즈,

복제된 지구의 궤도를 굴리며

왼쪽으로 스텝을 밟는다

나는 위벽을 뚫고 경계를 허문다

다시 희미한 계절은 오고

끊어졌다가 다시 오버랩 되는 붉은 잎들이 노스럽 프라이를 떠올린다. 촉촉이 비가 젖는 들녘, 아스팔트의 굳은 표정을 슬퍼한다. 다만 충분히 빛깔에 젖기를 소망하는 산들의 열망이 어지러운 세상을 하나로 묶는다. 창문에 얼비치는 벌레들의 울음은 전령사인 양 불빛 속에 숨고 한 줌의 재를 남기지 못하는 슬픈 빗줄기가 타고 있다.

빗속에서 다시 희미한 계절은 오고 담장 아래 치자꽃은 서늘한 그늘을 내다본다. 와이퍼에 떠밀리는 추억, 전송되지 못하는 가랑잎들이 길바닥에 떨어져 호곡한다. 삶의 지겨운 풍경 걷어내며 눈부신 채색 옷을 갈아입고 나는 먼 들길을 향해 손을 흔든다.

슬럼프

자판을 두드리다가 언뜻 '안'으로 치려던 것이 '암'으로 오타가 될 때가 있다. 성급한 하루살이가 고해성사 하듯 의도한 문장이 슬럼프에 빠져 나의 진실이 눈보라로 흩날린다. 때로 전이되지 못하는 나의 정의가 거침없이 저항하는 음소의 오타로 'ㄴ'이 'ㅁ'으로 뒤바뀌는 숙명에 묶인다. 결코 잘못으로 질타할 수밖에 없는 착시가 아닌 습관은 판단 정지의 바람이 된다. 미세한 입자를 실어 나르는 봄날, 문장은 홀로 요동친다. '안'이 '암'이 되어 찍힐 때 나의 숙명은 등불 앞에서 여린 나뭇가지를 흔들지 못한다.

나는 기력이 소진한 벌레가 되어 그레고리 잠자의 집에 눕는다.

비 오는 날

휘어진 우산들이 어깨를 맞대고 휘청거린다
길은 아랫배가 불러오고
분양받지 못한 모델하우스가 전신주에서 펄럭인다
동해남부선 화보에 들어앉은
필하모닉 오페라 악단이 오케스트라를 연주하고
산발한 여자의 치맛자락이 펄럭인다
기별 없이 떠나버린 열차를 그리워하며
녹슨 철로는 상념에 젖어 있다
길가 웃자란 잡초들이 더벅머리를 날리고
수박등의 눈빛은 흐릿하다
거리를 뛰쳐나온 빗줄기들이 지면을 터치하는 사이
세상의 불협화음이 광란을 피워내고
당도한 물방울들이 날아오른다
집 떠난 꽃잎이 차창에 기대어 추억을 떠올리자
골목길 상점에는 적막이 몰려오고
레이스를 단 은빛 빗방울이 신작로로 내닫는다
인간들의 발길이 끊긴 행복부동산은
빗줄기를 담보 삼아 계약서를 쓴다

빨간 모자를 둘러쓴 조립식 지붕 위로 내려앉는 빗방울들
해풍은 처마 끝에서 나풀대는 일기예보를 읽는다
젖은 것들은 제 몸으로 수채화를 그리고 있다

지엠 씨의 하루

늦게 당도한 지엠 씨, 후미진 아파트 뒤란에서 잠들어 있다. 하루치의 숨 가쁜 질주를 멎고 지친 육신을 털어낸다. 품격 높은 이름 대신 호명하는 번호판, 꼬리표처럼 따라다니는 숫자가 언제나 을씨년스럽다. 이탈하지 못하는 직사각형의 영토 안에서 배당되는 안식의 분량, 민주주의 평등보다 더 공정하다. 견고한 응집의 등판이 이따금씩 먼지를 뒤집어쓴 채 주차선 안에서 코를 곤다. 시간 모르고 누워 있는 자정이 두 귀를 접은 세상의 먼 지평에서 곤두박질친다. 속도를 꿈꾸었으나 속도에 잠식당한, 이상을 꿈꾸었으나 이상에 잠식당한 바퀴들의 신음 소리…… 통증을 알리는 관절의 위험 신호에도 경적은 끝내 울리지 않고, 한층 더 깊은 시름에 잠긴다.

나의 타클라마칸

나의 욕망의 열기는 바야흐로 화씨 일백팔십 도, 밤이 깊어도 잠들지 않는다. 측정하지 못할 방향에서 흐린 모래바람은 휘몰아친다. 편서풍은 거센 돌풍을 일으키며 나의 모래판을 전도시킨다. 프로메테우스가 토해낸 검붉은 태양이 난폭한 불꽃을 피워내고, 뇌성벽력이 오아시스의 단란한 평화를 허문다. 피투성이의 길을 만드는 지친 땀방울, 길은 어디에도 보이지 않는다. 해종일 옮겨놓는 발바닥은 풀포기 하나 거스르지 못하고 하늘의 비장한 눈망울을 뜨겁게 불태워버린다. 물기 머금은 뭉게구름은 아득하고 내 순결한 욕망을 에워싸는 거친 모래무지가 일체의 희망 한 자락 매몰시킨다. 항거할 수 없는 막다른 골목길, 모래가 산을 넘고 다시 바람은 모래를 잉태한다.

빨래를 말리며

비 개인 오후의 일광욕
내 젖은 살갗이 햇빛을 마신다
점점 더워지는
육신의 감성 안에서
싸늘한 이성은 소멸된다
뜨거운 햇살에 동화되는
마른 살결이 마침내
바람이 유도하는 방향으로 펄럭인다
나는 가벼워지고
가벼운 것은 저 혼자 펄럭인다
나는 건조한 세상을 꿈꾸며
습식 사유를 모조리 해체한다
햇살의 강열한 눈빛에 지쳐
우울한 우주를 털어낸다
내 젖은 꿈이 바닥난 손끝에서
하얗게 질린 빈혈이 나부끼고
누군가 직선 위에 걸린
내 두 팔을 깨운다

장대 끝에서 달아나는
내 사랑의 반역
나는 거침없이 비워지는
내 존재의 덧없음을 증발시킨다

컴퓨터

가령 네 안에 있던 말줄임표가 슬픔이 되어 나타난다면…… 푸른 하늘은 그 빛깔을 감추고 먹구름을 게워내어 비를 뿌릴 것이다. 하류의 존재가 될 수 없는 받침들, 눈물을 지우며 눈발을 뿌린다. 비와 빛이 공존할 때 어깨 나란히 겨루는 자음들. 너희들 음운의 세상에도 어둠이 횡행한다. 풀섶을 헤치며 옮기는 발치에 숨겨진 웅덩이가 드러날 때 나의 유희는 까만 얼굴로 버틴다. 불안을 예약한 불안이 검게 피어오른다. 낱말들의 횡포를 견뎌야 한다. 적정한 모음과 자음의 회유를 넘어 질주한다. 올곧게 생성될 수 없는 문장 하나가 단지 허공에서 절망할 뿐. 너는 끝내 슬픔의 실체를 알지 못한다.

트렁크

활주로를 이탈한 은빛 날개가
수직으로 잠적하고
허공의 틈새에서
너의 소프라노 가락이
산맥을 넘어 지상을 흔든다
어느 날 다시 조우할
아득한 얼굴 하나 지워진 채
익숙한 길을 돌아선다
푸른 생의 자국이
눈먼 의자의 뒤편에서 너울대고
기한이 지난 화물의 꼬리표가
터미널 밖에서
예측할 수 없는 무게를 게워낸다
정지된 시간들이 지친 그리움에 멍들고
육신을 구겨 넣은 비상의 불빛을 담금질한다
네가 희구하는 세상은
다만 젖은 목소리로 끝없이 울려나갔나

아버지의 황토

잿빛 꽃들이 차창에 매달린 채
전신을 바르르 떨었다
끝없이 뻗어나간 길의
상처 난 허리를 짓이기는 사이
하늘은 더러 땅의 경계를
질긴 빗줄기로 허물어놓았다
잠시 칭얼대는 불빛이 명멸하고
여름이 지나가는 동안
꽃들은 한층 더 투명하게 눈부셨다
여름이 거의 숨죽일 동안
가을의 기미는 보이지 않고
멈춰버린 허공을 타고
이른 새떼들이 마을을 덮었다
짙푸른 이마를 출렁거리는
밤이 깊어지기를 기다리는 사람들이
뽀얀 안개비를 맞고 있었다
진공상태의 언덕에서는
낯선 음표들이 부유하고

빗물 속으로 오랜 추억들을
실루엣처럼 떠내려 보냈다

밀라노

하늘을 찌르는 두오모는
거친 열망을 몰아내고 있다
반구형 지붕에 발을 담근 허공이
얼굴에 재를 뿌린 채
피사는 토해낸 기품을 부풀린다
아치형 돔 머리 위로
눈먼 비둘기들이 서툰 비행을 하고
이따금 조토의 성당에서 종소리가 들리면
키 큰 창문의 어깨가 흔들린다
아프리카 등진 남자들이 입을 벌릴 때마다
판테온의 전설이 쏟아져 내린다
산타크로체, 산타크로체
스파게티 한 접시로 시장기를 달래는 오후
거리의 악사들이 향수를 퍼올린다
지나쳐가는 사람들은
물끄러미 음표 하나 집어올리고
서 있는 자들의 뒤란에서
구름 한 송이 피어오른다

중동 통신

녹슨 철문이 열리고
여름이 걸어 나오고 있었네
어제 내린 비는 늙은 올리브나무에서 잠들고
할아버지 등 뒤에서 따라온
다리 하나가 잔기침을 하고 있었네
뜨거운 땅 위에
낯선 발자국들이 켜켜이 쌓이고
젖은 굴뚝새가 갸름한 날개를 떨고 있었네
잿빛 하늘이 실눈을 뜨는 동안
스테인드글라스가 서늘하게
동공을 굴리고 있었네
차도르를 쓴 슬픈 짐승들이
처절한 울음소리를 내며 지나가고
골목을 유랑하는 아부다비 공항
작열하는 태양이
시름없이 활주로를 밀어내고 있었네

프라하

짙은 구름에 덮인
프라하의 하늘은 언제나
애틋한 꿈을 덧칠한다
지구의 저편
밀려오는 난류가 요동칠 때마다
새들은 공한지에서 서성인다
소외된 벽을 쌓아올리는
단절된 블랙홀이 도처에 매복되고
나무들은 때때로
짓눌렸던 실의를 쏟아낸다
낯선 나라의 자음과 모음이
부질없이 부딪치며 경련하는 동안
높은 집들의 어깨가 벗겨진다
도시마다 칸칸이 쌓인 삶의 잔해들은
녹슨 지폐가 되어
참았던 말들을 토해낸다
내 풍만한 희망을 열면
저녁 어스름의

낡은 옷자락들이 펄럭이고
부풀어 오르는 가슴을 뒤척인다
먼 길 떠나는
소중한 여름이 다소곳이
빛과 소리의 눈부신 틈을 열어
비 오는 거리의 홍을 터뜨린다

은산부락기

갑자기 아버지의 흰 두루마기 자락이 너울거리고 박꽃 닮은 늦보리가 헛기침을 했다. 피곤한 불빛 사이로 비포장도로가 그리움인 양 달랑거렸다. 목이 휘어지도록 기다리던 마을버스가 멈춰서고 뽀얀 먼지가 시선을 휘감았다. 미세한 불안이 정적을 깨뜨리고 짐승들이 씹다 버린 개밥풀의 허기가 부풀어 올랐다. 지붕의 처마 끝마다 하나씩 외등을 내다걸고 여자들은 한 솎음씩 벗겨졌다. 등 굽은 저녁이 피어오르자 정겨운 어둠이 칭얼댔다. 웃자란 바람 한 칸씩 넘어져 걸리는 회화나무 가지에 들판이 기어올라 데롱거렸다. 오솔길을 빠져나간 아침 해는 물구나무서서 감감 무소식이었다.

제1부

그믐의 끝

첫눈이 내리고
웅크린 달력의 숫자 속에
추억이 켜켜이 쌓여 있다
떨어진 낙엽들은
시린 이마를 맞대고 온기를 데워주면
둥근 모자를 쓴 연중행사들이 손을 씻는다
약속했던 시간의 레일이 점점 사라지고
다가오는 새 날의 햇살이 트인다

한 해를 보내는 자리에서
달리기를 꿈꾸던 신호등은 질주를 멈추고
산 아래 있는 집들은
꺼진 잔등에 다시 불을 켠다
설일(雪日)은 점점 저물어 가고
목조계단을 기어오르는 흐릿한 눈빛 사이로
낙타를 탄 반가운 사람들이
유황을 들고 걸어오고 있다

규장각에서 1

탈색된 고서 속 문장가들이
깊은 사유에 들어 있다

촘촘히 박힌 글자들의 가슴에는
먼 조선의 시냇물이 흘러내린다

낮이 흐르고 또 밤을 지새는 동안
소리 없이 삭는 왕조실록
지붕의 기왓골마다 와송 돋는다

정조 원년 구월 스무닷새 날
창덕궁 금원 북쪽의 계단마다 서린 슬기
흰 옷의 앞섶에 배어 빛이 된다

규장각에서 2

서가에 꽂힌 고전의 행간을 읽는다
잔디밭에 앉은 허기진 老子가
해종일 서서 마른하늘을 우러러본다
굴절된 햇살 사이
장엄한 말발굽이 커브를 돈다
매운바람이 숨을 몰아쉬고
불면을 깨우며 사유를 껴안는
정약용의 낯선 얼굴이 떠오른다
가멸찬 문장을 접속하며
걸어간 산맥이 멈춘 자리에
켜켜이 포개진 지혜의 더께
나는 그 우람찬 뇌성 앞에서
서툰 변명을 길어 올린다
스쳐간 날들이 목덜미를 매만지면
다시 살아 오르는 생명
뿌듯이 불을 켜고 질주한다

사우나

마침내 혼슈라스의 서울이 함락되고
나는 알몸에 온기를 데워
천천히 짙은 안개 속에서 빠져나온다
폭격 맞은 의사당 건물이
붕괴되는 것을 바라보면서
나의 계단을 떠받치는 바람이
젖은 머리를 온몸으로 말려준다
전차부대의 굉음이
검은 환약을 장착하고 달리는 거리
화염에서 풀려난 아침이
탄산소다의 거품을 부풀린다
저녁이 오고
다시 어둠이 덮이는 동안
구름 한 자락 자리를 털고 일어선다
자정이 깊어가는 걸음을 멈추고
잠시 비상등을 켜는 사이
전쟁은 살진 포탄을 잠재우며
전신으로 더운 땀방울을 길어 올린다

이윽고 혼슈라스의 도시는 죽고

빌딩마다 새로운 기포가 돋아나고 있다

카드놀이

터널을 지나
생존의 경계를 뛰어넘는다
울창하게 들어선 숲들이
사닥다리를 내린 하늘과 땅 사이에
담장을 헐고 슬픔을 가꾼다
이탈한 길이 틈새를 드나들자
그대 옷자락이 펄럭이고
공유할 수 없는 낯선 거리를 측정한다
팽팽한 사랑을 조율하는
풍경이 지평을 열면
옌손이 끊어진 다리를 로프로 끌어당긴다
도시의 얼굴이 보폭을 입력하는 동안
빗장을 열고 태어나는 곡예사들
정적의 두레박을 내리고
오랜 기억을 길어 올린다
미로에서 헤맬 때마다
돌아선 고요가 기침을 한다
만삭인 길이 몸을 뒤척이면

쓰러진 달이 울음을 퍼올린다

허리가 잘린 어린 별들은

기다란 섬광을 벗어 던지며

세상의 맨 끝자락에서

다시 한 번 태어난다

햇살론 1

빛을 내는 것들은 일제히
지상을 가볍게 누비고 다녔다
요란한 색깔을 뿌리면서
그늘을 흔들어 깨우고
갈라지는 편서풍의 어깨를
눈부신 평음으로 쓰다듬었다
용출하는 원시의 세상이
고즈넉하게 눈을 뜨면서
욕망의 부피를 잘라냈다
비도 내리지 않는 거리에
순화하는 홍염의 발자국이 빛나고
비어 있는 곳들은 깡그리 채워졌다
숨겨진 시간이 가면을 벗고
통행금지구역을 해체하면서
막힌 통로를 열어주었다
꿈의 산하는 마침내
너그러운 등판을 들어냈다
발길 닿는 지상은

걸음이 멎는 만큼의 보폭으로
번요한 땅을 풀어놓았다
경건한 눈빛을 번뜩이며
밀폐된 안개를 거두어
그림자 밖으로 잠재웠다

햇살론 2

가파른 골목길을 돌아가면
엘리베이터도 없는 산허리가
긴 능선을 출렁거렸다
접근할 수 없는 팽팽한 허공이
고샅길에서 비늘처럼 흘러내렸다
골짜기에 구겨 넣은 빛의 낱알들이
조금씩 비탈을 허물고
천천히 막아서는 벼랑들은
푸른 하늘로 끌어 올렸다
굴절된 어둠이
그리움보다 긴 오솔길을 끌고 왔다
옥상에는 탈수된 빨래들이
싱그러운 춤사위로 흥을 돋웠다
드디어 황소의 내장보다
신명나는 축제가 열리고
불안한 마을은 걸음을 곧추세워
침체된 집들의 이마를
환하게 닦아내었다

키 큰 느티나무 이래서
묵은 땀방울 하나 미끄러져 내렸다
마침내 외딴집 하나
알몸을 드러낸 채 엎드려 있었다

김포 가도

길의 트랙에서 마른기침이 새어나온다
키 작은 패랭이꽃들이 허리를 꺾자
가드레일에서 잡초가 돋는다
갓길의 호송용 오토바이들은
황색 중앙선을 넘나들고
헛배가 탱탱한 스포츠카가
요란한 소음을 물어뜯는다
할복하는 스카이 싱싱
날아오르다 길바닥에 엎어진다
가파른 절망을 잘라내는
이차선의 중심에서
어둠 하나가 커다란 원을 그린다
피곤한 아스팔트가
하얀 밀레니엄의 지표를 쏟아내고
스펙을 장진한 속도들이
지친 팔뚝을 허우적거린다
허리가 휘어진 코스는 지금 철학이다
날마다 거침없는 청신호에서 태어난다

수멸하는 플라톤의 눈을 반짝인다
길은 다만 외길로 뻗어 있다

떠돌이 시편 1

그대 낡은 평화 한 자락
육신을 가두며 잠들 때
번요를 재촉하는 공원 벤치는
천상의 안락한 침상이 된다
허기가 질정 없이
뱃살 속으로 베어드는
빈 깡통 소리가 귀청을 울리면
오후의 햇살이
더 깊은 적막 안에서
그대 방치된 생을 쓸쓸히 비춘다
믿음보다 위대한 자유를 찾아
텅 빈 하늘을 뒤집어쓰고
을씨년스럽게 두 손을 모으는
그대 주름진 목덜미는
치유되지 못하는 가난으로 넘치고
삭아 때 묻은 옷 한 벌
시린 몸을 가린 채 너덜거린다
무성한 여름이 지나가는 포플러 그늘 아래

그대 지상에서의 절정을 꾸미고 있다
길바닥이 안방인 그대
허공이 따스한 이불로 내려앉는다

떠돌이 시편 2

이차선 도로의 갓길에서
덧없이 혼미한 소음 속의 그대
자동차 경적 소리에 묻히고 있다
돌아다보는 거리는 어둠에 질식하고
나아가야 할 지평은
무자비하게 흔들린다
헝클어진 머리칼이 저들끼리
빈곤한 생각을 뭉치고
더운 바람이 불어오는
마을의 지붕 아래서
흐린 불빛이 회전목마를 타고 있다
지리멸렬한 시간의 부화를 꿈꾸는
그대 초조한 얼굴은
찢어진 신문의 어눌한 문양으로 덮이고
바코드 없는 안식이
광장의 모서리에서 함초롬히 피어오른다
젖은 자리마다 덧댄 피로가 박히는 사이
시계탑에서는 온종일

식은땀이 흘러내린다
분분한 행인들의 발걸음이
빠져나가는 오후의 러시아워
졸음이 넝마처럼 매달려 있다
거처할 방들이 둥둥 떠다니는 육교 밑
한가로운 달빛이 은은히 소리친다

소멸을 꿈꾸며

광야의 덫에 걸린 산들이
신음하다가 쓰러진다
뿌리 안에서 날마다 태어나는
가파른 희망을 잘라내고
나는 휘어진 산의 허리를 펴낸다
스펙을 쌓는 속도가
거친 숨을 몰아쉬면
핼쑥한 산맥은 지쳐 회오리친다
산이 끌어내리는 폭우는
골짜기마다 치열한 벽력을 울려댄다
오솔길을 지나서 떠도는
바람의 방황은
절벽 앞에서 문득 멈춘다
길 없는 삶은 수척하고
빈 영혼 하나
머물 곳 없이 스스로 사라진다
산이 떠나는 등성이의 일우에서
노을의 타는 가슴이 들끓고

스러지는 빛들 사이에서
사라지는 것의 보람을 잰다

멕시코 일몰

하루가 저물면
해는 붉은 울음을 토한다
내돈도비치에서 바람이 불어오면
뜨거운 발바닥에서 길이 뚝뚝 끊어진다
고양이가 지나간 발자국은
온통 검은 모래밭이다

하루의 시장기를 다독인 타코가
허기를 단단히 채운다
키 큰 선인장은 눈시울을 적시고
바람이 불어오는 동안
검은 모래 망토자락이 펄럭거렸다

뜨거웠던 한낮은 다시 돌아오지 않고
노을이 무릎을 드러내며
소칼로에서는 하기식이 있었다

중독

탈수를 끝낸 빨래들이 정오의 장대 위에서 유장한 살풀이 춤을 춘다. 온몸에 찌든 때를 말끔히 헹구고, 아직 털어내지 못한 신바람을 삼복더위의 불볕 아래서 팔을 휘저으며 게워낸다. 안동 놋다리밟기 춤으로 풀어내는 한 맺힌 설움에 물기 젖은 한세상의 시름을 섞는다. 장난스런 서풍이 불어와 굳은 등판을 토닥이면 젖은 것들은 젖은 대로 허공에서 펄럭이고 무거운 육신은 점점 가벼워져서 촉수 높은 땡볕을 이겨낸다. 달개비꽃 속살에 베인 빨래가 벌겋게 통돌이 속에서 옮은

세

상

사

강강수월래를 읊으며 돌아간다

프랑스 제과점

너는 날마다 내 안에서 구워진다
갓 구워낸 너는
하염없이 부풀어 오른다
발효된 오후가 창을 열면
달력에서 뛰어나온 축제일이 윈도우 밖에서 술렁댄다
바코드가 팡파르를 터뜨리고 뒷문으로 사라질 때
너의 생은 황홀하게 촛불을 켠다
리본을 단 케이크들이 앙증맞게
세상 밖을 탐색하는 사이
팔월의 로즈는 울음을 터뜨리며 길을 떠난다
내 안에서 향기로 자란 너는
벽에 걸린 뻐꾸기시계가 세 시를 알릴 때
환상을 떨치고 아름드리 깨어난다
나는 너를 유리성에 가두고
너를 호명할 때마다
내 안에서 이름을 하나씩 지운다

해설

구원의 시학
—신선 시의 의미

김경복 문학평론가 · 경남대 교수

이미지가 말을 건네다

야, 기이하다. 어찌 이럴 수가 있을까? 이미지가 생각을 하고, 이미지가 말을 건넨다. 이미지가 의식의 심층을 가로질러 섬광을 발생시키고 감각의 잔존물을 남게 한다. 놀라움, 황당함, 또는 거북함. 존재의 어지럼증을 발생시키는 저 이미지는 도대체 무엇일까? 하나의 시적 이미지가 나의 존재성을 흔들어 불편하게 만든다. 내 마음은 그 구절로 인해 빈혈을 앓는다. 나는 살아있는가, 아니 살아있기나 한 존재인가? 여러 날을 상념으로 하얗게 서성이게 한 시 구절은 이렇다.

불빛에 감염된 야윈 시간들이
푸른 창 사이로 하얀 손을 흔든다

—「티슈 1」 부분

나를 충격에 빠뜨린 시 구절은 "불빛에 감염된 야윈 시간들"이란 표현이다. 이 시적 이미지 앞에서 나는 사로잡힌 짐승, 얼음, 전기에 감전된 상태 등의 감정을 맛본다. 시인의 직관적 표현이 한 독자에게 가서 존재의 울림을 발생시키는 놀라운 한 장면을 목도하는 셈이다. 무엇이 과연 나를 이렇게 꼼짝없이 붙잡아 떨게 할까? 신비할 따름이다. 새삼 그 과정과 내용을 찬찬히 살펴볼 필요성을 느낀다.

독자의 한 사람으로서 나를 이렇게 번민에 빠뜨린 시적 이미지의 발신자는 신선 시인이다. 신선의 시는 실제 놀라운 이미지들로 가득 차 있다. 어떻게 그것이 가능한지, 그리고 그러한 수행의 의미가 무엇인지를 알지 못하면 신선의 시를 이해했다 할 수 없을 뿐 아니라 시적 이미지의 놀라운 기능도 알지 못하는 것이 될 것이다. 그것들을 이해하고 해명하는 차원에서 저 이미지 속으로 걸어 들어가 보자.

우선 작품을 이해하기 위해 제목을 먼저 살펴볼 필요가 있는데 제목의 내용을 보았을 때, '티슈'라는 말은 휴지라는 말을 뜻하므로 한번 쓰고 버려지는 존재, 처음에는 깨끗했으나 점차 더러워지는 존재, 누군가에 의해 피동적으로 사용되는 존재라는 의미를 가짐을 알 수 있다. 실제 「티슈」 제목의 연작시 2편을 살펴보면 방금 언급한 내용들이 시 속에서 형상화되고 있음이 확인된다. 그렇다면 이 내용들은 어떤 상징성을 띤다고 볼 수 있다. 즉 신에 의해 창조되었지만 신 앞에서 처음 순결했던 상태에서 점차 타락해 갈 수밖에 없는 인간 존재를 티슈라는 사물로 말하고자 한 것은 아닌지? 인간의 존재론적 특성을 이렇게 티슈의 순결했던 상태가 더럽혀지고, 폐기되는 과정으로 빗댄 것이라면 저 제목과 이미지의 생성은 이유 없는 것이 아니다. 인간의 존재론적 모순과 한계에 대한 깊은 고뇌가 자신도 모르게 신비한 이미지를 불현듯 불러온 것으로 볼 수 있기 때문이다.

그런 차원에서 '야윈 시간'이란 의미는 이해된다. 제 존재의 타락과 폐기에 대한, 즉 구원을 얻지 못하고 죽음으로 이끌려 들어가야만 하는 자신의 무의미하고 무기력한 삶의 과정을 '야윈 시간'이란 이미지로 드러낸 것일 것이다. 여기서 우리는 어떤 수척해진 삶을, 또는 고뇌로 한없이 마른 어떤 존재자를 생각할 수 있다. 더 나아가 시간, 즉 삶을 의인화하여 '야윈'의 특성을 부여하는 것에 새로움을 느낀다. 시간이 야위었다는 발상은 시인의 체험에서 나왔을 터이라 놀랍다 못해 충격적인 것으로 다가온다. 그런데 더욱 문제는 이것이 다시 "불빛에 감염된"이라고 표현됨으로써 더욱 기이함을 증폭시킨다는 사실이다. 불빛은 밝고 따뜻한 것이라서 보통 긍정과 희망을 상징한다. 그런데 신선 시인은 '감염된'이라는 부정적 형용사를 거기에 씀으로써 모순과 역설을 만들어낸다. 쓸쓸한 삶에다 긍정과 부정의 현상을 동시에 투사시킨 모습이다.

불빛을 신의 은총이라고 가정하고 본다면(그것은 이 시집에 있는 「햇살론 2」에서 "빛의 낱알들이/조금씩 비탈을 허물고/천천히 막아서는 벼랑들을/푸른 하늘로 끌어올렸다"라는 구절에서 보듯이 빛 자체가 천상지향적 성격으로 신성을 지녔다고 볼 수 있기 때문이다), 이것이 인간에게 와서 밝음 그 자체로 희망이 되는 것이지만, 그것으로 인해 감염되는, 즉 존재에 대한 인식의 눈을 뜨게 됨으로써 죽음이라는 운명을 알게 되는 고통도 되는 것이다. 다시 말해 인간의 모순적 현상을 동시에 초래하게 된다는 것이다. 마치 에덴동산에서의 아담과 이브가 선악과를 따 먹고 인식의 눈을 뜨게 됨으로써 저주와 축복을 동시에 받은 것처럼 말이다. 때문에 이 시는 인간 존재의 모순성에 대한 성찰이기도 하지만 그것을 초래케 한 신적 존재에 대한 성찰이기도 하다. 그런 관점에서 보자면 신은 인간에게 희망이자 동시에 고통이다. 이로 인해 구원에 이르기까지 인간의 의식은 얼마나 날이 서 있어야 하는가! 얼마나 희망과 고통에 감염돼 웃었다 울었다 해야 하는가!

수사법상 이 구절은 두 개의 표현법이 적용되고 있다. 앞에서 언급한 대로 시간에다 인간적 특성인 야윔을 부여함으로써 의인법이 되고 있다. 의인화의 기법은 세계를 인간화, 인격화하여 살아있는 존재로 보고자 하는 의도를 내포한다. 그럼으로써 세계가 활성화되어 있다는 의미를 구체화한다. 그러나 그것보다 무형인 시간을 불빛에 감염될 수 있는 사물로 보는 존재론적 은유(ontological metaphor)가 이 시 구절에서 더욱 중요한 의미를 가진다. 무형의 관념을 하나의 구체적인 사물로 인식하는 것은 감각의 전이를 통한 공감각적 특성을 드러내기 때문이다. 이것은 보들레르가 '감각의 황홀한 전이'라고 불렀던 것에 해당하는 것으로서 사물의 본질을 직관하는, 즉 말로 설명할 수 없는 세계의 신비를 드러낼 수 있는 방법적 특성이다. 즉 신비를 신비 그 자체로 드러내는 방법이다. 신과 인간의 존재론적 특성에 대한 사유를 존재론적 은유의 특성으로 묘파함으로써 공감각의 신비한 울림을 그대로 내포한 채로 우리에게 다가오게 한다. 이것이 신선 시의 창작방법 상의 특징이다.

이러한 시 자법은 이전 시집에서도 그대로 수행되어 왔지만 이번 시집에서는 존재에 대한 사색의 측면에 기대어 사물 주어, 또는 사물 주체의 특성을 더욱 뚜렷한 현상으로 드러나게 하고 있다. 그럼으로써 의인화 내지 존재론적 은유의 기법들이 단순히 사물에 대한 신기성의 감정을 갖게 하는 것을 넘어 어떤 형이상학적 깊이를 띠는 것으로 그 의미를 발생시키고 있다. 시집 아무 데나 펼쳐 들어 보이는 다음 시에서 그와 같은 것을 발견할 수 있다.

> 발바닥 시린 빗방울이
> 맨발로 뜨락을 뛰어다닌다
> 땀방울 맺히는 머리칼이
> 여린 바람에도 하늘거린다
>
> —「빗방울 연주」 부분

> 성장을 멈춘 골목이 우두커니 서 있다
> 치자꽃 얼룩진 길이 사라지자
> 어머니와 헤어진 날짜가 걸어오고
> 물푸레나무는 강물에 머리칼 드리운다
>
> —「비망록 2」 부분

우선 「빗방울 연주」는 전형적인 의인화 기법이 두드러진 시 창작법이다. 빗방울에 "발바닥(이) 시린"의 인간적 특성을 부여한 감각이 놀랍다. 이 특성을 부여함으로써 빗방울은 사람과 같은 존재가 되어 '시린 상태'를 벗어나기 위해, 즉 어떤 결핍을 벗어나기 위해 "땀방울 맺힐" 정도로 미친 듯이 "뛰어다니"는 생명체가 된다. 전체적으로 비 오는 날의 마음의 충만함을 표현하기 위해 시인은 빗방울에 인간적 특성인 영성을 부여하여 사물의 살아있음을 부각시킨다. 지상의 모든 존재가 영적 실체로 존재하고 있음을 말함으로써 세계가 생명으로 가득 차 있음을 드러내고자 하는 것이다. 이러한 표현은 영성적 세계 인식에 의한 것이라 할 수 있다.

이 점은 「비망록 2」의 "성장을 멈춘 골목이 우두커니 서 있다"나 "어머니와 헤어진 날짜가 걸어오고"의 표현에서 더욱 심하게 나타낸다. '골목' 자체를 성장을 멈춘 생명체로 본다거나 우두커니 서 있는 사람으로 보는 것은 의인화의 기법이자 무생물을 생물의 특성에 빗대는 존재론적 은유다. 특히 무형인 '날짜'를 걸어다니는 생물로 옮겨 그것을 인식하는 것은 전형적인 존재론적 은유의 특성으로서 물리적 실체가 주어가 되는, 즉 사물이 인간과 같은 인격과 영혼을 가진 물활론적(物活論的) 세계관의 표출에 해당한다. 시적 내용으로 볼 때, 어머니와 헤어진 날이 시적 화자에게 큰 의미를 가졌기에 그날의 중요성을 강조하기 위해 이와 같은 형식으로 표현한 것으로 볼 수 있다. 즉 그날이 나의 마음속에서 살아있다는 관점에서 무형의 존재를 살아있는 존재로, 즉 존재론적 은유의 내성으로 활성화시킨 것이다. 이러한 존재론적 은유 역시 의인화의 기법과 같이 세계의 영성을 인정하고 그것의 활성화를 추구하는 영성적 세계 인식, 즉 애니미즘적 세계관의 발현이라 볼 수 있다.

이것들은 모두 세속적 인간의 좁은 관점에서 벗어나서 보다 우주적이고 형이상학적 관점의 세계 인식을 실현하는 일이다. 기법적 차원에서는 이러한 특성을 '낯설게 하기'로 설명할 수 있지만, 신선의 이러한 시 작법은 일상적 문법을 충격적으로 무너뜨려 사물이 생각을 하고, 사물이 말을 건네는 기이한 상황에 독자를 맞닥뜨리게끔 한다. 때문에 독자는 사물이 말을 하는, 즉 이미지가 생각을 하고 말을 건네는 상황 앞에서 놀라움과 충격 속에서 기이한 반응을 얻게 되는 것이다. 이것이 신선 시 앞에서 여러 날을 어리둥절하게 헤맸던 나의 심리를 변명해주는 것이 될 수 있을 터이다.

욕망으로 인간 존재를 성찰하다

사물과 은밀히 감각의 전이를 통한 교감을 꾀하고자 하는 신선 시인의 시는 그것으로 인해 이번 시집에서 또 하나의 특성을 드러낸다. 그것은 사물과 소통하기 위해 인간의 고정관념에 해당하는 외피를 제거하는 일이다. 특히 세속적 욕망에 해당하는 번잡한 생각을 덜어내는 일을 집중적으로 내보인다. 때문에 시집 전체로 보았을 때, 하나의 일관된 이미지는 줄어드는, 또는 덜어내는 형상의 반복이다. 다음 시편이 이를 증명한다.

아파트 창문을 막아선 오갈피나무
무성한 가지를 친다

웃자란 잎새들의
무절제한 생각들을 잘라내면
허공을 빨아들이는 뜨락이 열리고
익명의 도시가 환하게 눈을 뜬다
은폐된 거실의 하얀 벽들은
잠적한 속살을 나부끼고
부다페스트 소녀를 만나러 간
구슬픈 발자국들이 돌아온다
저마다 떨어져 나간 담론들이
시린 상처를 벗어던지고
아우성치는 여름을
다시 싱그러운 꿈으로 다독인다

—「가지치기」 부분

이 시가 보여주는 이미지의 특색도 앞에서 언급한 사물 주어와 의인화의 경향, 즉 존재론적 은유에 의해 발생하는 물활론적 세계관의 표현에 있다. 이것들은 사물에도 영성이 있음을 암시하면서 모든 존재들이 영성적 실체로 존재함을 주장하고 싶다는 것으로 생각할 수 있다. 그런데 이 시에서 더 중요한 것은 그러한 인식의 연장선상에서 시적 화자가 보여주는 지향적 가지로 사물의 몸집 줄이기, 또는 욕망의 덜어내기로 일컬어지는 작고 가벼운 것으로의 미끄러짐이다. 실제 이 시를 구성하고 있는 이미지들의 흐름을 따라가면, 먼

저 “창문을 막아선 오갈피나무/무성한 가지를 치”는 장면이 나오는 것을 볼 수 있다. 이것은 가로막은 것, 정체된 것을 뚫는다는 의미로 일차적으로 볼 수 있지만, 다음에 나오는 “무절제한 생각들을 잘라내”는 구절과 관련해 생각해보면 잘못된 욕망의 번성을 줄이고 덜어내는 것으로 볼 수 있다. 때문에 가지를 치고, 잘라내는 이미지들은 곧바로 “시린 상처를 벗어던지”는 이미지로 계열화되면서 몸집 줄이기로 연결되어 간다. 그리고 그러한 행위가 이루어졌을 때 비로소 “다시 싱그러운 꿈으로 다독이”는 긍정과 초월의 상황이 발생하게 됨을 암시하고 있다. 그렇게 볼 때 몸집을 줄이고 욕망을 덜어내는 일은 자신의 삶에 대한 반성이자 세계와 소통하기 위한 마음의 자세를 갖추는 것으로 생각할 수 있다. 이러한 이미지들이 이번 시집에서 하나의 계열을 이루며 독특한 시적 전개를 보여준다.

그러나 욕망의 덜기와 몸집 줄이기는 종교적 경건성을 갖추었을 때에야 가능하고, 보통은 인간적인 관점에서 욕망에 허덕이는 자신을 발견한다. 따라서 자신의 현실적 삶에서 발생하는 욕망의 들끓음에 대해 격렬히 반성하고 깊이 고뇌하는 것은 오늘의 물질자본주의를 살아가는 일상적 인간에게는 너무나 당연한 일이다. 그것이 바로 현시대의 실존적 자의식의 표출이 되기 때문이다. 다음 시가 그것을 잘 보여준다.

> 나의 욕망의 열기는 바야흐로 화씨 일백팔십 도, 밤이 깊어도 잠들지 않는다. 측정하지 못할 방향에서 흐린 모래바람은 휘몰아친다. 편서풍은 거센 돌풍을 일으키며 나의 모래판을 전도시킨다. 프로메테우스가 토해낸 검붉은 태양이 난폭한 불꽃을 피워내고, 뇌성벽력이 오아시스의 단란한 평화를 허문다. 피투성이의 길을 만드는 지친 땀방울, 길은 어디에도 보이지 않는다. 해종일 옮겨놓는 발바닥은 풀포기 하나 거스르지 못하고 하늘의 비장한 눈망울을 뜨겁게 불태워버린다. 물기 머금은 뭉게구름은 아득하고 내 순결한 욕망을 에워싸는 거친 모래무지가 일체의 희망 한 자락 매몰시킨다. 항거할 수 없는 막다른 골목길, 모래가 산을 넘고 다시 바람은 모래를 잉태한다.
>
> —「나의 타클라마칸」 전문

무엇보다 이 시는 벗어날 길 없는 인간의 천형(天刑)을 보여주는 것 같아 문제적이다. 프로메테우스로 명명된 신의 세계 앞에서 인간은 구원을 얻을 길 없어 무한 방황과 방랑을 계속하고 있다. 그런데 그 모든 고통과 굴레는 바로 "나의 욕망의 열기" 때문에 발생하는 것임을 이 시의 시적 화자는 자각하고 있다. 세계의 거칠어짐과 난폭함은 바로 나의 욕망의 강도에 대응되어 일어난다. 그 점에서 문제적인 것은 욕망적 실체로서 나의 존재성이다. 이러한 시적 내용은 「프로메테우스의 눈」에서 “낙타의 발바닥에서 매운 연기가 피어오르면 이글대는 용광로가 세차게 팔을 펄럭인다. 잿더미 속에서 하얀 길이 비로소 오랜 잠을 깬다.”로 표현된 것과도 그 의미가 상통한다.

그렇다면 이 시와 관련하여 욕망의 열기가 잠잠한 것이 좋은 것인가 하고 우리는 물을 수 있다. 종교적 구원이나 초월을 이야기할 때, 몸집을 줄이고 욕망을 줄이는 것이 천상으로 가는 지름길이 될 수 있다고들 말한다. 신선 시인의 시들도 일정 부분 이러한 경향성을 보인다. 그러나 감동적인 것은 실존적 정체성을 지닌 존재로서 갈망과 망설임과 고뇌가 회오리치는 것, 인간적이어서 너무나 인간적인 특성을 노출하고야 마는 문제적 인간의 꿈틀거림이다. 위 시 「나의 타클라마칸」은 욕망이 바로 나의 실체이자 실존임을 명확히 인식했다는 것이자 그것으로 나의 운명을 똑바로 바라보겠다는 의지의 선언이다. 그 점에서 욕망이 회오리치는 역동적인 인간의 모습을 그려 보여주고 있다. 타클라마칸 사막을 횡단하는 욕망적 존재는 신선의 의식 속에서 적어도 앞에서 보았던 “불빛에 감염된 야윈 시간”을 살아가는 존재다. 즉 깨어있는 자의식적 존재인 것이다.

그런 점에서 우리는 욕망이 줄어들어 초연하고 정지된 존재보다 욕망에 따라 현실적 삶에 부대끼면서 삶의 의미와 존재의 진정성이 어디에 있는지를 탐구하는 역동적 사람이 좋

다고 말해야 하지 않을까? 사람은 본능적으로 고통을 회피하고 신성한 것을 지향함으로써 구원을 얻으려는 경향이 있다. 그러나 그러한 행위 속에는 문제의 본질을 회피하거나 망각하려는 속성도 깃들여 있다. 때문에 보다 중요한 것은 문제의 본질을 고통 속에서, 고통과 더불어 지켜보고, 그것에서 어떤 삶의 진리를 발견하려는 자세다. 그것은 일정 부분 고통을 감내할 끈기와 용기, 그리고 그것을 통해 자신을 인식하려는 자신의 솔직담백한 정직이기도 하다. 그렇기에 이런 사람들은 구원을 쉬이 얻는 가짜 성인의 자세는 거부한다.

이를 신선 시인도 잘 알고 있다. 그렇기 때문에 그의 시는 늘 우울과 번민과 고통의 날들을 기록하고 증언한다. 다음 시들이 그런 경우들이다.

너는 항시 나의 실체를 뒤쫓으면서
내 안 깊숙이 성벽을 쌓고 있다

…중략…

세상은 비상등이 켜진 경적으로 가득 차오르고
붕괴된 슬픔에 네 희미한 등줄기가 조여온다
내 가슴을 짓밟고 산 실기,
저무는 하루의 뒤안길은 쾌청이다

—「그림자」 부분

유통기한 지난 슬픔들이
내 안에 깡통처럼 차 있다
위험수위를 넘긴 시린 온도는
점차 북극 한랭전선으로 부풀어 오르고
아직 폐기되지 못한 추억들이
나의 심장을 죄며 다가선다
비우면 또 차오르는
수습할 수 없는 욕망이
내 안에 들앉아 치솟는다

—「냉장고」 부분

인간 존재의 양면성을 상징하는 그림자를 통해 제 삶과 존재성을 성찰하는 「그림자」는 신선의 시적 자의식이 쉬이 문제의 해결에 이르지 않음을 암시한다. 곧 치열한 자의식으로 문제의 본질이 어디에 있음을 성찰한다. "붕괴된 슬픔"이라는 표현을 통해 욕망의 실체로 표현된 '그림자'를 통해 인간의 모순적이고 불가피한 특성을 성찰하고 있다. 빛과 그림자로 양면성을 지닌 인간의 천형 혹은 고뇌가 잘 그려지고 있는 작품이다.

그에 비해 「냉장고」는 욕망이 어떻게 슬픔이 되는지를, 그리고 그 좌절된 욕망이 또 얼마나 자주 일상 속에서 반복될 수 있는지를 보여주고 있다. 슬픔은 그런 점에서 좌절된 욕망으로서 바로 인간 존재의 실존의 형상과 그 필연성을 성찰하게 하는 표지인 셈이다. 기쁨을 통해 인간의 존재성을 살펴보는 것보다 태어나 죽어가는 인간의 고통, 즉 슬픔이라는 관점에서 인간의 삶 자체를 성찰하는 형이상학적 의미의 탐색인 것이다. 그런 점에서 신선의 시는 기이한 이미지로 인간 존재의 본질적 특성을 탐색하는 작품이다.

역설로 존재의 구원을 바라다

그런 점에서 신선 시인의 눈 속에 세계는 신과 인간의 존재론적 문제로 모든 것이 비춰 보이는 것은 당연할지 모르겠다. 절망과 구원의 문제는 특히 기독교 신자로 알려진 신선 시인의 궁극적 관심 사항이다. 그렇기 때문에 인간 존재에 대한 다양한 모습을 다루면서도 그것의 본질적 형상으로서 하나의 단면(斷面)에 대해 고찰하는 다음과 같은 시는 신선 시인의 시에서 가장 자연스러운 형태인 셈이다.

너는 누워서 자라는
한 그루 뇌병변 자작나무
휘어진 나이테 사이로
환하게 허리를 꿈틀거리면
아랫도리에서 푸른 날개가 돋아난다

네 커다란 눈 속에는
아득한 하늘이 살아 스멀거리고
검은 동공을 깜빡일 때마다
끝없는 강물이 출렁거린다

—「베데스다 며칠 1」 부분

시적 대상은 뇌병변 장애아로 보인다. 어조로 보아 아마 시인이 거두어 간병하는 아이일지도 모르겠다. 시인은 그 아이를 보며 인간 존재의 본질과 구원의 문제를 생각한다. 이 시의 뇌병변 장애아는 인간의 보편적 인식으로 볼 때 불행한 존재이자 삶이다. 그러나 신의 입장에서 볼 때는 다를 것이다. 특히 이와 같은 존재를 지상에 보낸 까닭의 측면에서 생각해보면 어떤 이유가 있다고 봐야 할 것이다. 이를 어떻게 짐작해야 할까? 곧이 언급하자면 성경에 있는 "마음이 가난한 자는 복이 있나니 천국이 저의 것이요" 하는 구절과 생각해볼 수 있지 않을까 한다. 세상의 일반적 통념을 거스르는 언급은 시 속의 아이를 보다 더 큰 차원에서 생각해볼 것을 주문한다. 실제 이 아이는 "누워서 자라는/한 그루 (뇌병변) 자작나무"로서 "아랫도리에(서) 푸른 날개"를 가지고 있다. 거기에 걸맞게 "커다란 눈 속에는/아득한 하늘이 살아 스멀거리고/검은 동공을 깜빡일 때마다/끝없는 강물이 출렁거리"는 순결하고 지고한 존재다. 세속적 관점에서 이 아이는 뇌병변 장애인이지만 시적 언급의 측면에서 보자면 아무런 욕망 없이, 즉 마음은 가난한 상태에서 순수한 생명력으로 지고한 가치를 사는 '천사'와 같다. 그렇기 때문에 시적 화자는 이 아이를 불행한 존재로 보지 않는다.

여기서 세속적 관점에서의 역설이 발생한다. 역설은 세상의 이치를 벗어나는 것이다. 이미 그의 시에서 보이는 의인화 내지 존재론적 은유의 기법도 세상의 보편적 인식을 허물어뜨리고 사물과 인간의 관계를 새롭게 보게 한다는 점에서 역설적 성격을 지닌 것이라고 하겠지만 세계에 대한 인식의 측면에서 신선 시인은 고정관념에 휩싸여 있지 않음으로써 역설적 태도를 보인다. 그에게 신은 인간의 관점을 벗어나는 데에 서 있다. 신은 따뜻하기도 하고 잔인하기도 하지만, 무엇보다 무정한 존재이기도 하다. 그렇지만 우리 인간이 기댈 곳은 신밖에 없다는 점에서 이런 신에게 기대어 사고한다. 그런 관점에서 보면 뇌병변 장애아의 탄생과 고통은 타클라마칸의 힘겨운 땅을 걷는 보통의 인간의 탄생과 고통에 비해 그리 큰 차이를 보이지 않는다. 오십보백보의 의미를 가진다. 신의 관점에서 보자면 뇌병변 장애아가 오히려 신의 신성을 본래 그대로 담고 있는 존재로 보일 수 있다. 마치 선악과를 따 먹기 전의 아담과 이브의 형상처럼 말이다. 그렇게 보았을 때 무엇이 보다 지고한 가치가 있는가 하는 물음은 쉬이 답변할 성질의 것이 아님을 알 수 있다. 그것은 곧 세속적 관점에서 세상의 현상을 일면적으로 재단하거나 반응할 일은 아니란 점을 가리킨다.

때문에 신선의 시는 종교적 관점에서 구원의 문제가 가장 중요한 화두가 됨을 알게 된다. 다음의 시들이 바로 그런 경우다.

그대 낡은 평화 한 자락
육신을 가두며 잠들 때
번요를 재촉하는 공원 벤치는
천상의 안락한 침상이 된다
…중략…
무성한 여름이 지나가는 포플러 그늘 아래
그대 지상에서의 절정을 꾸미고 있다
길바닥이 안방인 그대
허공이 따스한 이불로 내려앉는다

—「떠돌이 시편 1」 부분

비 개인 오후의 일광욕
내 젖은 살갗이 햇빛을 마신다
점점 더워지는
육신의 감성 안에서
싸늘한 이성은 소멸된다
뜨거운 햇살에 동화되는

마른 살결이 마침내
바람이 유도하는 방향으로 펄럭인다
나는 가벼워지고
가벼운 것은 저 혼자 펄럭인다
나는 건조한 세상을 꿈꾸며
습식 사유를 모조리 해체한다

—「빨래를 말리며」 부분

두 편의 시는 모두 구원의 문제를 다루고 있다. 「떠돌이 시편 1」에서 '떠돌이'에 대해 "천상의 안락한 침상"이나 "그대 지상에서의 절정을 꾸미고 있다"라고 표현하는 것은 세속적 가치의 측면이 아니라 기독교적 관점에서의 의미 부여임을 알 수 있다. 때문에 거리를 떠도는 가난한 자는 세속적 가치로 재단될 성질의 대상이 아니라 신과의 관계 속에서 평가되어야 할 존재로 격상된다. 즉 역설적 인식을 통해 '떠돌이'라는 존재는 신의 섭리와 속성에 가장 가까이 다가간 자로 시인은 본다는 의미다. 그것은 종교적 차원에서 물질적 욕망에 초연함으로써 세상의 여러 사물과 자연스럽게 소통하고 있는 떠돌이의 존재론적 인식에 기반해 있다. 떠돌이는 소유와 욕망에 어느 정도 거리를 둠으로써 마음이 가난한 자가 된다. 즉 천국에 갈 수 있는 존재자가 되는 것이다. 때문에 시인에게 가장 중요한 것은 존재의 궁극적 관심이라 할 수 있는 존재의 본질, 즉 삶과 죽음의 문제다. 세속의 일상적 가치를 휘발시켰을 때 떠돌이는 대자유의 신성을 지닌 존재가 된다. 즉 하나님의 뜻을 실천하고 실현시킬 수 있는 거지 성자가 되는 것이다. 시인 신선은 바로 이 점을 떠돌이 시편을 통해 발견하고 말해보고자 한 것이다.

문제는 그것을 자신의 경우로 환원했을 때 어떤 현상이 발생하는가 하는 점이다. 집과 가족을 버려두고 초연히 출가의 길을 나설 수 있는가 하고 물었을 때, 아마 여성으로서, 그리고 나이가 이순에 접어들면서 그와 같은 결단을 내리기는 쉽지 않아 보인다. 그럴 때 자신의 구원의 방식을 시인은 앞에서 언급한 몸집을 줄이고 욕망을 덜어내는 절제와 초월의 방식을 도입한다. 시 「빨래를 말리며」는 그 점에 부응하는 작품이다. 우선 이 시에서 시적 화자는 '빨래'와 자신을 동일시한다. 아니 자신이 빨래가 되어 말을 한다. 거기서 빨래는 "습식 사유", 즉 생의 욕망으로서 물을 머금고 있다가 신의 섭리라 할 수 있는 "햇빛을 마시"는 것으로 존재의 승화를 수행한다. 존재가 욕망을 덜어내고 가벼워지는 것은 어쨌든 비상의 상상력과 잇닿아진다. 때문에 "뜨거운 햇살에 동화되"어 "바람이 유도하는 방향으로 펄럭이"는 것은 존재의 한계로부터 벗어나 일정 부분 천상적인 것으로의 초월을 상징하는 것이다. 시적 화자가 꿈꾸는 "건조한 세상"은 존재의 욕망과 고뇌가 걷힌 신의 섭리 안의 세계다. 그런 관점에서 '빨래'로 변한 시적 화자는 끝없이 자신의 욕망을 신의 말씀, 햇빛으로 닦고 쓸어내며 덜어내 진정한 영성적 존재로 다시 서기를 갈구하는 이미지인 것이다.

그렇게 보았을 때 신선 시인의 시는 인간의 좁은 관점에서 벗어나 보다 폭넓은 신의 관점에서 무엇이 구원이며 어떻게 하면 구원의 길에 이를 수 있는가를 존재론적 은유와 의인화의 독특한 기법으로 추구한 인간 존재론이다. 존재론적 성찰을 사물이 주체가 되고 주어가 되는 기이한 이미지를 통해 오늘의 우리의 굳어진 감각과 영성을 일깨우는 복음으로 작용한다. 그의 시는 이미지의 활성에서, 기법의 특이성에서, 그리고 대상의 인식에서 존재의 진정한 구원을 추구하는 시학을 펼치고 있다.

이 도서의 국립중앙도서관 출판시도서목록(CIP)은 서지정보유통지원시스템 홈페이지(http://seoji.nl.go.kr)와 국가자료공동목록시스템(http://www.nl.go.kr/kolisnet)에서 이용하실 수 있습니다.(CIP제어번호: CIP2017030680)

문학의전당 시인선 0274

나의 타클라마칸

초판 1쇄 인쇄 2017년 11월 22일
초판 1쇄 발행 2017년 11월 29일
지은이 신선
펴낸이 고영
책임편집 서윤후
디자인 헤이존
펴낸곳 문학의전당
출판등록 제2017-000002호
주소 서울시 마포구 마포대로 11길 91, 3층
전화 02-852-1977 팩스 02-852-1978
전자우편 sbpoem@naver.com

ISBN 979-11-5896-350-7 03810

* 이 시집은 2017 부산문화재단 지역문화 예술특성화지원사업의 보조를 받아 제작되었습니다.